JOVEN POR SIEMPRE

FÓRMULA PARA PERMANECER JOVE POR SIEMPRE

JOSE RAMON ACOSTA VALENZUELA

AMAZON

ISBN: 9798361290154

Dedico el presente libro con todo el amor que tengo
para mis hijas y para mis nietas y nietos.
A las primeras por el simple y llano hecho de ser la parte más
privilegiada de mi existencia.
A mis nietas y nietos por devolverme ese amor
en forma de barullo celestial.

CONTENTS

ADVERTENCIA:

Este manual no es de ninguna manera un tratado médico ni científico.

Todas las recomendaciones, consejos, tips, propuestas acciones, etc. están sustentadas en la interpretación personal del autor, sobre investigaciones disponibles, en la experiencia propia y en la puesta en práctica de los datos aquí asentados.

Es responsabilidad del lector, hacer uso consciente y razonado de los mismos, atender a las características individuales respecto al uso de productos, consumo de alimentos, prácticas deportivas, o cualquier otra acción presentada en este volumen.

POEMA:

Sólo un número es la edad.
No define la juventud,
No lo tomes con seriedad,
Es más cosa de actitud.

Ama la imagen que te da el espejo
Sin importar la apariencia,
Mira que si eres joven o viejo,
Agradece a Dios por la experiencia.

Se puede ser un puberto
Sin el deseo de vivir,
O puede tratarse de un viejo
Con las ansias de sentir.

La edad es sólo mental,
Si la ves con sabiduría,
O la sufres sin piedad,
Sin pena y sin alegría.

Cada cual elige su edad,
Si tener juventud acumulada,
Y es una sacra verdad,
O vivir la vejez adelantada.

Para el tema que aparece,
Un sabio refrán conjuga:
El corazón no envejece,

Es el cuero el que se arruga.

José Ramón Acosta Valenzuela.

ACERCA DE ESTE LIBRO:

Este libro está proyectado con la intención y la finalidad de ayudar, a quien lo deseé, y quiera dejarse hacerlo, a cambiar, tanto sus conceptos de juventud y de vejez como su estilo de vida, lo cual le podría llevar a disfrutar de una envidiable salud y a un proceso de envejecimiento ralentizado, armónico, saludable y equilibrado a través de seguir las pautas sugeridas en cada uno de los aspectos que se abordan en este volumen.

Se plantean procedimientos de sencilla, pero disciplinada aplicación: cambios de hábitos dañinos por otros enfocados hacia la calidad de vida, que permitan sentir la satisfacción de estar construyendo y transformando, por voluntad propia, la dirección de su vida.

En este libro se describen las principales acciones que puede emprender toda persona que quiera dar, por siempre, a su vida, una calidad estupenda, conservando el mayor tiempo posible, las capacidades, habilidades y facultades de la juventud. Se sugieren, tanto elementos nutricionales, que impactan de manera positiva varias funciones del cuerpo humano, como la adquisición de comportamientos, acciones y hábitos que pueden ser, voluntariamente, puestos en práctica para lograr una sinergia armónica entre longevidad, salud y vitalidad naturales.

Se mencionan, también, los aspectos negativos que contrarrestan o bloquean el desempeño de la capacidad regenerativa del organismo, y se dan pautas e indicaciones precisas para suprimirlos o transformarlos en acciones positivas.

EL CORAZÓN NO ENVEJECE

PREFACIO

El motivo principal para escribir y publicar acerca de el envejecimiento humano y las condiciones en que generalmente se da; es el de contribuir con una muy modesta aportación a mejorar las condiciones de vida y salud de las personas que quizá desconozcan los recursos que pueden ser utilizados para alcanzar una época dorada libre de los trastornos que se han vuelto regulares y cotidianos; inherentes al concepto de edad adulta.

Pretendo motivar a través de la información aquí vertida y de la trasmisión de mi propia experiencia, a que se intente un cambio positivo en el estilo de vida, signado en la actualidad por el uso y abuso de infinidad de productos legales de uso cotidiano, dañinos y perjudiciales para la conservación de la salud,, así como de múltiples artículos ilegales y de dudosa procedencia que abiertamente transgreden las legislaciones y prohibiciones existentes.

Impulsado por un sentimiento de abrumación al ser testigo directo del deterioro físico, mental y espiritual de personas cercanas, es mi intención hacer un sencillo y comprensible manual que proporcione algunos elementos de fácil acceso que ayuden a mejorar la calidad de vida de quien tenga a bien utilizar y poner en práctica.

INTRODUCCIÓN

El paso del tiempo es inexorable, no hay nada que podamos hacer para evitar su transcurso, y las etapas del ser humano no pueden ser postergadas.

De manera ineludible, si vivimos para ello, habremos de transitar desde la etapa prenatal a la infancia, luego a la niñez, posteriormente a la adolescencia siguiendo la adultez, y por último la vejez.

Cada una de las etapas, cuenta con sus características propias, que la definen como únicas, aunque en algunas de éstas, no se puede determinar con exactitud cuando inician y cuando finalizan, debido a los diversos factores que inciden en cada persona, y que pueden de carácter biológico, cultural o social, sin embargo, existe una correspondencia cronológica generalizada que se asocia a cada una de ellas.

Etapa prenatal:

Comprende desde la concepción hasta el nacimiento y es considerada como etapa base de todas las demás.

La infancia:

Desde el nacimiento hasta los 6-7 años con sus características particulares de curiosidad, fantasía, juego y egocentrismo muy acentuados.

La niñez:

De los 6-7 años a los 12 aproximadamente, etapa en la cual concurren, con mayor énfasis las funciones cognitivas y sociales.

La adolescencia:

De los 12 hasta aproximadamente los 20 años, etapa de cambios múltiples y pronunciados por el hecho de ser transitiva entre la niñez y la adultez, se presenta una intensa actividad hormonal, crecimiento físico, búsqueda de identidad, formación de carácter y adquisición de valores y conductas.

La adultez:

Entre los 25-30 y los 65 años aproximadamente, en sus primeros años 25-40 se considera la etapa de plenitud emocional e ideal para la procreación. La parte intermedia, de los 40 a los 50 años de edad, se considera como la etapa inicial de los cambios adjudicados a esta edad cronológica, tales como: aumento de peso y talla, pérdida de masa muscular y densidad ósea, altibajos hormonales, etc.

Etapa de la adultez madura:

Se ubica entre los 50 y los 65 años, en ella tiende a ocurrir cierto declive físico, aparecen como novedad algunos desórdenes y enfermedades como: diabetes, cáncer, males cardiovasculares y respiratorios, pérdida de agudeza visual y auditiva, etc.

Etapa de la vejez o senectud:

Comprende de los 65 años en adelante. Aunque hay la tendencia a agudizarse el deterioro físico, mental e intelectual, y, aunque la salud y el vigor van disminuyendo, viene la buena noticia: es posible reducir y hasta revertir, muchos de los efectos negativos del envejecimiento, con ejercicio adecuado, dieta y hábitos de vida saludables. Aquí prevalece la expectativa personal que individualmente se tenga de cómo vivir esta particular etapa. Si se espera el arribo de la vejez con desesperanza y actitud derrotista, con la idea de excluirse de la vida laboral y social, entonces es más factible que se acentúen las características que se suponen inherentes a la edad cronológica avanzada. En cambio, si se asume que llegar a esta etapa es un privilegio que no a todos se les da, si se toma como una insustituible oportunidad para realizar actividades creativas y recreativas diferentes, de participar en grupos y redes sociales, si se renueva ese espíritu de niño curioso, participativo, entusiasta, cooperativo, sensible y auténtico, es cierto que, se transitará por esta última etapa de la existencia, con gran dignidad, con alegría y aceptación y con la certeza de haber dejado huella imborrable y de haber trascendido la vida con rumbo y propósito definido.

NO A TODOS SE DA EL PRIVILEGIO DE ENVEJECER.

CAPÍTULO 1

EL ENVEJECIMIENTO HUMANO.

El envejecimiento humano es un proceso de vida natural, multifactorial e interdisciplinario que se produce a través de cambios biológicos y psicológicos en el individuo, en su continua interacción con el medio ecológico, la vida social, económica y cultural en el transcurso del tiempo.

La Organización Mundial de la Salud OMS, define el envejecimiento como el "Proceso fisiológico que comienza en la concepción y ocasiona cambios en las características de las especies durante todo el ciclo de vida; esos cambios producen una limitación de la adaptabilidad del organismo en relación con el medio. Los ritmos a los que estos cambios se producen en los diversos órganos de un mismo individuo no son iguales."

Existen otras definiciones de envejecimiento, las cuales, en su mayoría, asocian este proceso con conceptos como: riesgo, vulnerabilidad, enfermedad, menor vigor, inmunidad reducida, pérdida de fuerza muscular y de elasticidad en la piel, disminución de la memoria, mayor dificultad para la absorción de nutrientes y la eliminación de sobrepeso, y otras ideas, todas relacionadas con deterioro y cercanía a la muerte.

Es claro que el ser humano, en esencia, es igual, atendiendo a características generales propias e inherentes a la especie humana, tales como: ser concebido, nacer, desarrollarse, envejecer y morir; pero también es cierto que existen diferencias que distinguen a un ser humano de otro en un sentido menos amplio: la raza de la cual proviene, la región o zona geográfica en la que nace, las condiciones de carácter político, social, económico y cultural que afectan su proceso de vida y, por último, las causas que provocan su muerte. Sin embargo, a pesar de estas similitudes y coincidencias generales y de las diferencias específicas, hemos de considerar como punto de referencia importante, las enormes disparidades que se observan entre individuos que pertenecen a la misma raza, región, país e incluso a un mismo grupo o clan familiar en lo que se refiere a: salud, estructura física, longevidad, etc. Esto en parte, debido a la particular e inigualable individualidad que caracteriza a cada ser humano.

En el tema que nos ocupa, resulta interesante resaltar que, en algunos lugares del mundo, sus habitantes han alcanzado vidas más longevas.
Las investigaciones han hallado cinco zonas del mundo en las cuales el promedio de expectativa de vida es de los más altos, estas zonas se encuentran ubicadas en las costas de Grecia, Japón, Costa Rica, Estados Unidos e Italia. Conozcamos e imitemos, en la medida de lo posible, una serie de características que estos lugares y sus habitantes presentan para alcanzar una vida más larga, provechosa y feliz, un envejecimiento saludable como aspiración humana de conservarse sano física y mentalmente, disminuyendo o aplazando los efectos no deseados de este proceso.

Loma Linda, California, Estados Unidos.

Su dieta incluye frutos secos, el consumo de carne es limitado, su régimen alimenticio es casi vegetariano, tienen prohibido el tabaco y el alcohol, es una comunidad adventista que le caracteriza una gran fe.

Cerdeña Italia.

Isla mediterránea caracterizada por un gran sentimiento de comunidad, de unión y valor familiar, consumen vegetales, frutas y hortalizas locales, beben vino tinto con moderación, no fuman, su dieta es rica en omega 3, son físicamente activos y dan gran importancia a la vida social y relacional.

Nicoya, Costa Rica.

Consumen el alimento de la tierra que ellos mismos trabajan hasta edades avanzadas, el agua es rica en calcio y magnesio tienen sólidas creencias religiosas y una red social muy fuerte.

Icaria Grecia.

Les caracteriza un fuerte sentimiento de comunidad, recibiendo muy poca influencia externa, su orografía irregular les hace mantenerse activos en sus desplazamientos, consumen leche de cabra y acostumbran tomar la siesta.

Okinawa Japón.

Su alimentación se caracteriza por comer con moderación y en bajo índice calórico, son físicamente activos, dan gran importancia al cultivo y mantenimiento de la amistad a lo largo de toda su vida y tratan de vivirla de manera relajada y feliz, así como a tener una buena motivación para iniciar cada día.

De ahí pues, podemos extraer y replicar algunos factores de diversa índole, pero que son comunes y que coinciden en casi todas estas comunidades longevas de distintas partes del mundo: Alimentación hipocalórica, natural, preponderantemente vegetal; relaciones satisfactorias, personales, familiares y sociales; actividad física constante; actitud positiva, amistosa y relajada; firmes creencias religiosas, de fe, de unión y cohesión social; costumbres de vida sana, y de trabajo.

Pero es necesario tener muy en claro que no se trata sólo de consumir tal o tales y cuales alimentos o ingredientes por muy saludables que sean o por la cantidad de propiedades que posean, consideradas como buenas para la longevidad, que indiscutiblemente habrán de ser útiles, sino que, el propósito es el de construir todo un concepto en torno a un estilo integral de vida sana.

La ciencia, por supuesto que ha dirigido su atención, enfocándose en la idea de establecer las causas del envejecimiento, concluyendo en algunos datos, como el asignar menor influencia al ADN de la que se creía, dando en cambio, mayor peso a causas como: el sedentarismo, el tabaquismo y otras adicciones como el alcohol y las drogas, el estrés, la obesidad, la hipertensión, el sueño o descanso inadecuado, los alimentos procesados, y en general, estilos de vida que atentan en contra del cuidado y protección del cuerpo y sus funciones.

Algunos estudiosos del envejecimiento, consideran a éste como el principal factor de riesgo de casi todas las enfer

medades y señalan tres procesos básicos que llevan al envejecimiento celular, estos son: Inflamación, Oxidación y Deshidratación.

Inflamación:

Factores ambientales como la contaminación del aire y los alimentos y la calidad del agua; y otros factores de estilo de vida como el consumo de alcohol y tabaco, el alto consumo de azúcar y exponerse en demasía a la radiación solar, la falta de actividad física y los malos hábitos alimenticios, contribuyen a incrementar la inflamación celular crónica, que incide directamente en la salud, a mayor grado de inflamación, también mayor peligro de padecer enfermedades como diabetes, cáncer, demencia, cardiopatías, etc. Las cuáles se consideran como algunas de las principales causas de mortalidad, por lo cual se pretende prevenir y tratar los procesos inflamatorios crónicos para retrasar el envejecimiento y prolongar la vida.

Aunque hay que diferenciar los procesos inflamatorios reactivos, como por ejemplo una torcedura, los cuáles son temporales y desaparecen a la par con la sanción del daño.

En cambio, la inflamación crónica es lenta y a veces difícil de percibir, pero que puede activar al sistema inmunitario y con el tiempo, lesionar células sanas.

Oxidación:

Es una reacción química producida por toda actividad que

hagamos que consuma energía. Esta oxidación, que se genera lenta y gradualmente, o de manera acelerada, si hay elementos que lo propicien, crea los famosos radicales libres, que son células dañadas, que, su vez, dañan a las células contiguas incidiendo de manera directa en el proceso de envejecimiento.

Deshidratación:

Se presenta cuando el cuerpo no cuenta con la cantidad de líquidos que necesita para su correcto funcionamiento, puede ser en grado leve, medio o grave, dependiendo de la cantidad de líquido perdido o faltante, lo cual puede deberse a causas como: sudoración excesiva por calor o movimiento, condiciones febriles, diarreicas, vómito o consumo de diuréticos, etc. Una piel deshidratada acelera el proceso de envejecimiento y la piel envejecida es proclive a deshidratarse, así que, es conveniente atender las dos condiciones, ¿cómo? Tomando el agua suficiente para hidratar las células diariamente y consumiendo alimentos ricos en agua de manera regular.

Por el contrario, se ha concluido que los factores que ayudan a ralentizar el proceso de envejecimiento son: la genética, la alimentación saludable, el ejercicio físico o movilidad corporal, el descanso y sueño adecuados, las relaciones humanas satisfactorias y una buena salud mental, entre otros.

En este manual encontraremos directrices que pueden ser o parecer repetitivas, pero que tienen relación específica en cada uno de los aspectos de prevención y tratamiento, e incluso de reversión del proceso de envejecimiento; por ejemplo, si se trata de sarcopenia, que es la pérdida de masa muscular en la edad adulta, pues se debe atender a través de acciones como: ejercicio, consumo de nutrientes y suplementos focalizados en detener o evitar dicha condición.

Si se pretende minimizar o revertir la disminución de densidad ósea, la solución va a ser coincidente en acciones como el ejercicio, así como en la alimentación y nutrición dirigida a combatir dicho proceso, de la misma manera, habrá acciones que tomar,

substancias que incluir, suplementos que adicionar, alimentos que consumir, etc. que serán de beneficio para uno o varios órganos, aparatos o sistemas que conforman el cuerpo humano.
Para ralentizar y revertir el proceso de envejecimiento, es condición primaria e irrevocable el querer hacerlo, y con ello me refiero a que esto implica decisión, acción, pasión, y compromiso.

Decisión.

Tomar la resolución de modificar las circunstancias que estén impactando de manera negativa MI, si, así en primera persona y de manera enfática, MI CALIDAD DE VIDA, porque no puedo autoengañarme, si se, por ejemplo, que tengo sobrepeso, es necesario trabajar en la solución de dicha condición; de la misma manera, si padezco de alguna enfermedad o desorden de salud, pues habrá que empezar a concentrar esfuerzo y dedicación en el tratamiento adecuado, con la asesoría y vigilancia médica, por supuesto.

Acción.

Acto que significa cambio, en este caso, cambiar las características que se mencionan, a través de las acciones pertinentes que se deriven de este primer análisis, como base y principio fundamental para mejorar mi proceso evolutivo.

Pasión.

Requisito importante es, también, imprimirle toda la pasión que se genere por alcanzar de manera exitosa el objetivo de vida propuesto, enfocando toda la energía en la renovación de hábitos y costumbres, que atraerán por sí mismos una mejora sustancial en los aspectos más importantes de la existencia.

Compromiso.

De ahí, se ha de establecer el compromiso con uno mismo, de estructurar y mantener de manera permanente un estilo de vida congruente con la visión que se proyecte de un proceso evolutivo saludable, digno, ejemplar y satisfactorio al que aspiramos.

Ama la imagen que te da el espejo

Sin importar la apariencia,

Mira que si eres joven o viejo,

Agradece a Dios por la experiencia.

JOSÉ RAMÓN ACOSTA VALENZUELA.

CAPÍTULO 2

EDAD CRONOLÓGICA Y EDAD BIOLÓGICA

SÓLO UN NÚMERO ES LA EDAD.

EDAD CRONOLÓGICA.

La edad cronológica es la que comprende desde el nacimiento hasta la edad actual de cada persona, está determinada sólo por el paso del tiempo, se contabiliza en años, pero no tiene, necesariamente, una relación directa en términos de salud.

El efecto que provoca este ineludible transcurrir del tiempo, es variable y diferente de persona a persona, obviamente inciden factores de carácter genético, alimentario y de modo y calidad de vida, entre otros.

Aunque la definición de edad cronológica no cambia, la percepción de ésta si ha evolucionado con el paso del tiempo.

En el siglo XIX, se planteaba, en promedio, una edad menor a 50 años como expectativa de vida, por tanto, una persona que se aproximaba a dicha edad, se consideraba que transitaba por la etapa final de su existencia.

La tendencia, en cuanto a la esperanza de vida se refiere, va en aumento, hacia el siglo XX, se ubica entre 50-65 años; a comienzos del siglo XXI, llega a los 52-69 años hasta alcanzar, en la actualidad, una media mundial de 70-73 años, con las diferentes variantes relativas a: países desarrollados y en vías de desarrollo, particularidades culturales y étnicas, distintas clases sociales, diferentes sexos, etc. que no son motivo de análisis en este libro, puesto que estos datos sólo se utilizan como referentes de la diversidad que comprenden las apreciaciones de edad cronológica.

En la actualidad, se establece, de manera regular, la edad de 65 años para designar a una persona como anciana y candidata a la jubilación, aunque la tendencia es elevar esta cifra debido al aumento en las expectativas de vida y a otros factores de carácter socioeconómico; lo que sí es evidente es que, hay casos de excelente funcionalidad a mayor edad, tanto como de deterioro a menores años.

Aquí, en el tema que este libro plantea, lo fundamental es que, a dicha edad cronológica, se contraponga una edad funcional óptima, considerada ésta, como la capacidad de responder adecuada y eficientemente a las actividades y exigencias vinculadas al medio social al que pertenece el individuo y a las necesidades personales, en función del estilo de vida que sustenta la persona; esto es, ser considerado por los demás y considerarse a sí mismo como útil y funcional.

Si como lo proclama la OMS, que el proceso de envejecimiento comienza "desde la concepción y ocasiona cambios durante todo el ciclo de vida", sería pues congruente, iniciar también el proceso de cuidado desde las primeras etapas de la vida; atendiendo los mismos aspectos en los niños y jóvenes que, posteriormente, se convertirán en cruciales, para quienes pretendan subsanar daños propiciados en el organismo por estilos de vida poco ordenados o descuidados.

Esto significa, inculcar desde edades tempranas: niñez, adolescencia y juventud, hábitos y comportamientos dirigidos a preservar la salud en todas sus modalidades; a prevenir consecuencias inherentes a usos y abusos de otros elementos que se consideren nocivos para la salud; a adquirir y preservar hábitos que permitan de manera eficiente, tanto en los requerimientos que la vida personal, familiar, social y laboral presenta, como en la percepción propia y expectativas personales que se perciban o proyecten.

Aunque, es tendencia en el ser humano, postergar, en el caso del cuidado propio, las repercusiones son más drásticas, puesto que, la relación que se establece en este sentido, es directamente proporcional: A mayor demora en proporcionar al organismo los cuidados y la atención que requiere, a través de una nutrición óptima, el ejercicio necesario y el descanso suficiente, corresponderá mayor dificultad para revertir el deterioro que se haya propiciado. Por el contrario, cuanto más temprano se atiendan los aspectos mencionados, menor será el grado de prematurez en lo que se refiere al envejecimiento del organismo.

EDAD BIOLÓGICA.

Es la edad de nuestras células. Indica la auténtica edad, en cuanto se refiere a cómo ha influido el envejecimiento en cada persona.

Se refiere básicamente a la salud y funcionalidad de células, tejidos, órganos, aparatos y sistemas del cuerpo del individuo; no tiene que tener relación directa con la edad cronológica.

Se determina con la medición o evaluación de la función de los órganos y la composición corporal, la fuerza y masa muscular, la densidad ósea, la salud cardiorrespiratoria, la cantidad de glucosa en la sangre, los triglicéridos, la presión arterial, la longitud de los telómeros, en lo que al aspecto físico se refiere; pero también se toman en cuenta la parte mental y emocional como indicadores psicológicos de la edad biológica, esto es, la actitud, la capacidad intelectual, el espíritu joven, creativo y participativo.

Contrario a la edad cronológica, a la edad biológica sí podemos hacerla variar a partir de diferentes estímulos, esta última, funciona generalmente, adelantada a la primera.

Los cambios para modificar la edad biológica se relacionan con la influencia que el medio ambiente y el entorno social ejercen sobre las personas.

El cuidado que tengamos, que derive en una buena salud del sistema hormonal o endocrino, del sistema nervioso y del sistema inmunológico, es determinante para preservar una edad biológica inferior a la edad cronológica.

Para proteger al sistema hormonal, que influye en casi todas las células y en todas las funciones y órganos de nuestro cuerpo, es requisito indispensable incluir el ejercicio físico como un hábito recurrente, así como llevar una dieta nutritiva.

El cuidado del sistema nervioso requiere de la ingesta

de nutrientes adecuados, ejercicio físico, practicar ejercicios de relajación y meditación, descanso suficiente, potenciar la actividad del cerebro, establecer y practicar buenas relaciones personales y sociales, entre otras acciones.

Para proteger el sistema inmunológico, que es nuestra red de células y órganos que nos ayudan a protegernos de infecciones y a combatir enfermedades producidas por hongos, virus y bacterias; al igual que con los sistemas anteriormente mencionados, también es crucial una alimentación sana y balanceada, una hidratación adecuada, descanso apropiado y ejercicio corporal y mental.

Así pues, con la combinación adecuada de todos estos factores coincidentes, es posible modificar favorablemente la relación Edad Cronológica / Edad Biológica con el fin de estructurar el proceso de ralentización y reversión del envejecimiento humano, el cuál de manera natural se da en las comunidades más longevas del mundo que se mencionan en el capítulo anterior.

LAS APARIENCIAS ENGAÑAN.

CAPÍTULO 3

ALIMENTACIÓN

LA MEJOR MEDICINA.

El estilo de vida urbano, que ha ido paulatinamente dominando, con las características propias del mismo, tales como: la menor actividad física y el giro hacia una dieta occidental, está propiciando una evolución hacia un cambio alimentario que acarrea consecuencias catastróficas para la salud, aumentando la tendencia a padecer enfermedades degenerativas y disminuyendo el equilibrio del sistema inmunológico con el consumo de alimentos altamente procesados, comida chatarra de rápida preparación, bebidas con demasiados azúcares refinados que tienen un alto contenido calórico y muy bajo valor nutricional, proteínas animales con exceso de grasas.

De tal manera que, es necesario hacer conciencia del importante rol que juega la alimentación en la salud y tomar la decisión de elegir el cambio hacia un consumo más saludable como se considera, por ejemplo, la dieta mediterránea, basada en el consumo de productos de países con clima mediterráneo: pescado y carnes blancas, frutos secos, aceite de oliva, y reducir la ingesta de carnes rojas e hidratos de carbono.

Aquí aplica de manera casi literal la leyenda Cherokee acerca de los dos lobos que, representan esa dualidad existente de fuerzas opuestas que, habitan de manera latente, en el interior de cada uno de los seres humanos.

En este caso, la analogía correspondería a la salud, el bienestar, la vitalidad la juventud, la fuerza, el orgullo, la satisfacción, en resumen, una vida plena representada por el lobo luminoso.

Versus la enfermedad, el malestar, la debilidad, el envejecimiento prematuro, la culpa y la insatisfacción, representados por el lobo obscuro; e indefectiblemente, dominaría aquel que tú elijas, ahora si literalmente, alimentar adecuadamente.

En un sentido fundamental, la alimentación es la ingestión de alimentos de un organismo para proveerse de sus requerimientos necesarios para desarrollarse y tener energía. "Somos lo que comemos" frase muy usada que se atribuye, erróneamente a Hipócrates o a Shakespeare, siendo, en realidad, del humanista ateo de origen alemán Ludwing Feurbach; en cambio, Sócrates sí dijo: "sea el alimento tu medicina y la medicina tu alimento". Lo cierto es que ambas frases hacen hincapié en la importancia de los alimentos para mantener en buenas condiciones el cuerpo.

Yo modificaría la frase diciendo: somos lo que asimilamos, porque, aunque nutrición y alimentación son consideradas como sinónimos, en realidad, son dos procesos diferentes, estrechamente vinculados, pero diferentes. Mientras que la alimentación consiste en proporcionar, de manera consciente, ingredientes comestibles al cuerpo, los cuales dependen de múltiples circunstancias, tanto personales como ambientales como son: el gusto, el momento y lugar, las posibilidades, etc. Este proceso termina al ser ingeridos los alimentos.

La nutrición, en cambio, inicia en el momento en que la alimentación finaliza, siendo un proceso inconsciente e involuntario mediante el cual el organismo transforma, de manera automática lo que comemos, en sustancia nutritivas.

A través del proceso de digestión, el organismo se ocupa de digerir, absorber y utilizar las sustancias alimentarias, así como de eliminar lo que no se asimila.

Por lo anterior, nuestro aparato digestivo, merece una mención especial en relación con la salud física y mental, aquí toma gran sentido la sentencia de Hipócrates que dice: "La salud comienza en el intestino".

Nuestro tubo digestivo expresa emociones, en él existen casi tantos tipos de neuronas como las hay en el cerebro y se produce el 95% de actividad total de serotonina y 50% de actividad total de dopamina; el intestino tiene una constante comunicación de ida y vuelta con el cerebro a través de la red neuronal.

Por otro lado, se afirma que, un alto porcentaje de decesos se producen por una alimentación deficiente, consistente en dietas que no incluyen verduras frescas y frutos secos básicamente, pero en cambio, abusan de los azúcares, sal y grasas trans alterando lo que se conoce como microbiota intestinal, dando lugar a que dominen los microorganismos no beneficiosos para la salud, lo cual puede ser el detonante que desencadena serios problemas como son las enfermedades cardiovasculares, respiratorias, autoinmunes, etcétera.

Incluso se empiezan a relacionar enfermedades mentales como la depresión, el estrés y la ansiedad, así como neurodegenerativas como el Alzhéimer y el Parkinson con la composición de la microbiota intestinal.

Es conocimiento del dominio popular, los efectos que las emociones producen en el aparato digestivo, incluso, son comunes algunas expresiones coloquiales como: “se me hicieron nudo las tripas del coraje”, “se me soltó la panza de puro nerviosismo”, ”se me revuelve el estómago cuando la veo”, etc. dan cuenta de la relación cerebro/tubo digestivo que se establece, y que, es posible emparejar con sentimientos como por ejemplo el miedo, que es capaz de provocar diarreas; el estrés, que incide en malestares estomacales; el sueño, que se presenta con la producción de venzo diasepinas por nuestras neuronas estomacales; la sensación de bienestar, cuando se activa la serotonina, llamada hormona de la felicidad, al ingerir alimentos como el chocolate.

Así pues, aunque el tipo de alimentación en el ser humano varía debido a muchos factores, como ya se dijo, entre otros: la cultura, la condición económica, el gusto, la edad, la actividad física, etc., es indudable que, existe la relación entre una alimentación balanceada y el buen desempeño de las funciones corporales y viceversa. Estudios recientes han revelado que, nuestra flora bacteriana percibe nuestros niveles de estrés, de igual manera, afirman que, el equilibrio en la alimentación incide también en el estado de ánimo, los pensamientos y las decisiones de las personas.

El poder que tiene, pues, la dieta en la vida del ser humano, impacta prácticamente en todos los aspectos de la vida: en la salud física, mental y emocional, en el aprendizaje, en la composición corporal, en el peso, la fuerza, la flexibilidad, la resistencia y en la actividad mental y cerebral; de tal manera que, la calidad de los alimentos que elegimos consumir en la vida diaria, determina en función directa, la calidad de vida que estamos construyendo y que habremos de asumir como parte esencial de nuestra responsabilidad.

En suma, alimentación, ejercicio y descanso, son ingredientes que, combinados adecuadamente, ayudan a tener un vida más larga y más saludable, contribuyendo a prevenir un envejecimiento prematuro.

En la dieta, no se va a encontrar una receta que, como tal, pueda evitar el envejecimiento, sin embargo, hay alimentos específicos que pueden tener la capacidad de regenerar algunas células, órganos, aparatos o sistemas del cuerpo.

En las siguientes páginas se tratará de manera específica, tanto de alimentos que cumplen con estas condiciones de protección y regeneración de partes del cuerpo, así como de funciones que se ven potenciadas por el consumo de nutrientes contenidos en alimentos, complementos y suplementos nutricionales.

A continuación, se presentan una gran variedad de alimentos considerados como altamente saludables, se describen algunas de sus principales propiedades y contenido nutricional, así como las condiciones de salud en las cuales se cree que pueden contribuir y las partes del cuerpo que pueden verse beneficiadas con su adecuado consumo:

Arándano:

Rejuvenece, es antiinflamatorio, reduce la presión arterial, así como el riesgo de sufrir cáncer, previene enfermedades neurodegenerativas, ayuda contra la diabetes, favorece el colesterol bueno.

Batata:

Contribuye a la salud de los ojos, el desarrollo de los huesos y la función inmunológica.

Brócoli:
Gran valor nutritivo, alto poder antioxidante, previene algunos tipos de cáncer.

Calabaza:

Refuerza las defensas, ayuda al sistema inmunitario, cuida el sistema cardiovascular, buena para la salud ocular, para el aparato urinario y para los riñones, es antioxidante, previene gripas y catarros.

Cerezas:

Ricas en fibra que regula el tránsito intestinal y en antioxidantes, regulan la contracción muscular y el ritmo cardiaco, ayudan a la recuperación tras el ejercicio.

Ciruelas:

Combaten las anemias por su hierro y vitamina C, evitan el estreñimiento, poco calóricas, fortalecen el sistema inmunológico, son diuréticas, favorecen la visión, depuran el hígado, cuidan el sistema respiratorio, buenas en el proceso de dietas para perder peso.

Calabaza grande:

Fortalece el sistema inmunológico, ayuda a prevenir enfermedades cardiacas y cáncer, buena fuente de proteína en sus pepitas.

Col rizada:

Reyna de los superalimentos, antiinflamatoria, baja en calorías, propiedades anticancerígenas, limpia el hígado y la sangre, ayuda a la salud de los ojos y la piel, a mejorar la salud de los huesos y a reducir el colesterol.

Coliflor:

Ayuda a bajar el colesterol, aporta beneficios para el corazón, para el aparato digestivo y para el sistema inmunológico.

Espinaca:

Excelente para la salud visual y de los huesos, posee cualidades nutricionales que restablecen la energía, incrementan la vitalidad y mejoran la calidad de la sangre, es antiinflamatoria y anticancerígena.

Frambuesas:

Ayudan a reducir la inflamación y a disminuir los dolores producidos por la gota y la artritis, son ricas en vitamina C, que aporta importante cantidad de antioxidantes que ayudan a neutralizar los radicales libres y con ello a prevenir la aparición de cáncer y el envejecimiento prematuro, colaboran en la eliminación de toxinas y en la salud ocular.

Granada:

Posee propiedades antiinflamatorias, se le atribuyen efectos afrodisiacos y de salud sexual; se considera un poderoso antioxidante; por su gran contenido en polifenoles, tiene un efecto astringente y es buena para la regeneración de tejidos.

Hongos:

Son ricos en fibra, contienen grasa insaturada y algunos aminoácidos esenciales, por lo que son recomendables para dietas de pérdida de peso, aportan cierta cantidad de vitaminas del grupo B, esenciales para convertir los carbohidratos que consumimos en glucosa, que utiliza el cuerpo para producir energía, y son de los pocos alimentos que contienen vitamina D.

Kiwi:

Rico en vitaminas E y C, con propiedades antioxidantes.

Mango:

Ayuda en los procesos digestivos, es laxante natural sin efectos secundarios; por su contenido en el aminoácido glutamina, conocido como el combustible para el cerebro, evita el deterioro de la función cerebral; es bueno para la salud visual debido a su contenido de vitamina A y flavonoides, también aporta potasio, mineral esencial para mantener una adecuada presión sanguínea, por su contenido en magnesio, contribuye a la salud de los músculos, incluyendo el corazón.

Melón:

Por su bajo contenido de azúcares, es recomendable para prevenir obesidad y diabetes, es antiinflamatorio, es depurativo por su gran contenido en fibra y agua, sirve para reforzar el sistema inmunitario gracias a su contenido en vitaminas A y C, tiene efectos beneficiosos en casos de gota, artritis y reumatismo, bueno para reducir la presión arterial y la retención de líquidos, recomendable su consumo durante el embarazo por su aporte en ácido fólico.

Moras:

Son antioxidantes por su contenido en antocianinas, resultan refrescantes y nutritivas, contienen minerales como: calcio, magnesio, manganeso y potasio, así como vitaminas del grupo B y A, C y E.

Naranja:

Rica en vitamina C, ampliamente conocida por sus efectos positivos contra la gripe, es un poderoso antioxidante útil para favorecer la cicatrización y reforzar el sistema inmunológico, beneficiosa para combatir la diabetes por su aporte de azúcar e hidratos de carbono, por su contenido en fibra, favorece la salud intestinal y es útil en las dietas para bajar de peso.

Papaya:

Ayuda a controlar el peso corporal, la presión arterial, a prevenir la diabetes, es fuente importante de fibra, es abundante en bioflavonoides, por lo que protege al cuerpo de virus y bacterias, rica en antioxidantes, combatiendo los radicales libres; por su contenido en enzimas como la papaína, ayuda a reducir el acné, las arrugas y la pigmentación de la piel.

Pimientos:

Ricos en vitamina C, contienen vitaminas B2 y E, así como betacaroteno y nicotina en pequeña cantidad, la cual se considera un factor neuroprotector que puede prevenir el Parkinson, son potentes antioxidantes que ayudan a prevenir enfermedades crónicas y degenerativas.

Piña:

Mejora la circulación de la sangre, es un digestivo natural, trata parásitos intestinales, ayuda a bajar de peso, es buena para la celulitis y para la retención de líquidos, tiene propiedades antiinflamatorias, que, si se combinan con la cúrcuma, se potencian, aumenta las defensas, posee antioxidantes que previenen los efectos de los radicales libres, ayudando a prevenir trastornos degenerativos como la diabetes y la obesidad.

Repollo:

Considerado como uno de los vegetales con mayores propiedades antioxidantes destaca por su alto contenido en agua, se le atribuyen propiedades para prevenir hipertensión, diabetes, cáncer y obesidad.

Rúcula:

Hortaliza de las más saludables, es una buena opción para consumir nutrientes de calidad, por su contenido en minerales esenciales, como el hierro, básico para el sistema inmune por su aporte en vitaminas A y C y para la formación de hemoglobina y el calcio, útil para huesos y dientes, ayuda a bajar de peso, ayuda a la prevención del envejecimiento por su contenido de ácido ascórbico, su contenido en nitratos, favorece la actividad física.

Sandía:

Es un diurético y adelgazante natural que ayuda a proteger los riñones y a depurar el hígado, tiene propiedades antiinflamatorias y antioxidantes, mejora la salud de los ojos por su contenido en betacarotenos, previene la ceguera nocturna, ayuda a las células a reducir acumulación de grasa, propicia la vasodilatación, por tanto, ayuda en la salud cardiovascular.

Tomate:

Tiene propiedades antioxidantes, ayuda a disminuir los niveles de colesterol totales, previniendo cardiopatías y reduciendo la presión arterial por su contenido en potasio, también ayuda a prevenir problemas de estómago, pulmón y próstata, es rico en vitaminas A, B, C y K, en licopeno, en minerales como: fósforo, zinc, calcio, sodio, magnesio y manganeso.

Zanahoria:

Rica en nutrientes beneficiosos para la salud de la piel como carotenoides y vitamina A, que ayuda a mejorar el funcionamiento de la retina, B3, E, K y folatos, también minerales como: calcio, potasio, magnesio, yodo y fósforo; por su alto contenido de agua y fibra, aporta beneficios para la salud digestiva y la flora intestinal.

CAPÍTULO 4

SUPLEMENTACIÓN Y COMPLEMENTACIÓN

ES EL CAMBIO LO ÚNICO PERMANENTE.

Los suplementos y complementos alimenticios son las sustancias nutricionales que se añaden a una dieta para hacerla íntegra y mantener una buena salud, así como para tratar y prevenir enfermedades.

Estas sustancias pueden ser: vitaminas, minerales, ácidos grasos, aminoácidos, etc. los cuales no pueden sustituir el valor nutritivo de los alimentos, sino que complementan una dieta que, aunque creamos correcta y equilibrada, tiene carencias que varían en función de factores individuales y específicos de cada persona.

Un suplemento es rico en nutrientes y debe cubrir la carencia de algún mineral o vitamina que no proporciona la alimentación.

Un complemento sirve para reforzar los nutrientes que ya contienen los alimentos y es elaborado con algún nutriente específico.

Regularmente quienes requieren hacer uso de los complementos son los niños y las personas mayores, así como los deportistas que tienen mayores exigencias físicas y necesitan restablecer niveles deficitarios de algunos nutrientes.

Estos son algunos de los complementos y suplementos que, indistintamente, pudiera necesitar cualquier persona en algún momento:

Antioxidantes.

Los radicales libres, como se menciona, se relacionan directamente con el envejecimiento y el surgimiento de enfermedades; cuando el consumo de frutas y verduras, como antioxidantes naturales, no cubren el aporte necesario, un consumo adicional de este suplemento sería conveniente.

Omega 3.

Se obtiene principalmente del consumo de pescados grasos como: el atún, la sardina y el salmón, cuando no se adquiere lo suficiente de estas fuentes, se puede recurrir a un suplemento.

Proteínas.

La glutamina y la creatina, son algunos suplementos preferentemente dirigidos hacia personas que realizan actividades físicas de más alta demanda.

Con el transcurso de los años, el cuerpo, si no se atiende de manera conveniente, puede deteriorarse en energía, fuerza, vitalidad y elasticidad; sin embargo, proporcionándole alimentos ricos en vitaminas A, C y E, así como ricos en antioxidantes, es posible contrarrestar los efectos de la edad.

Algunos de los alimentos que más se destacan por combatir los estragos del envejecimiento son, entre otros:

El aceite de oliva.

Contiene elevado porcentaje de vitaminas E y K, que tienen propiedades antioxidantes para el organismo, lo cual fortalece el sistema inmunitario, ayuda a prevenir las enfermedades cardiovasculares, a reducir el colesterol y contribuye en la salud ósea.

El aguacate.

Rico en vitamina E y grasa saludable, con propiedades antiinflamatorias y antioxidantes por su contenido en carotenoides y luteína, fortalece el sistema inmune.

La avena.

Cereal que aporta antioxidantes y antiinflamatorios, ayuda a reducir el colesterol LDL o malo, es auxiliar en el control de la azúcar y por su contenido en vitamina B1, calcio y alcaloides contribuye al equilibrio del sistema nervioso.

El chocolate negro.

Por sus flavonoides y polifenoles, ayuda a prevenir el envejecimiento prematuro, ayuda a mejorar la circulación de la sangre, a reducir la inflamación producida por la exposición de la piel al sol.

El té verde.

Tiene propiedades antioxidantes por su contenido en minerales, catequinas, polifenoles y clorofila. Estimula el metabolismo y la función del cerebro.

Los frutos secos.

Son ricos en omega 3, vitamina E y antioxidantes. Son una buena fuente de energía y contienen fibra, ayudan a controlar la ansiedad, el peso corporal, protegen al sistema nervioso y ayudan a prevenir el daño celular.

La cúrcuma.

Contiene fitoquímicos, sustancias con propiedades antienvejecimiento y antiinflamatorias, tiene propiedades digestivas y ayuda a combatir la grasa y a evitar la degeneración macular.

ALIMENTOS ENTEROS:

El berro, la Ensalada de frutas, El jugo de zanahoria, La Calabaza, El limón, El tomate, El pimiento rojo, Los granos: arroz integral, quinoa cebada, amaranto.

ALIMENTOS QUE CONTIENEN ANTIOXIDANTES.

Para mantener el cuerpo joven y protegerlo de agresiones externas es necesario consumir alimentos que contengan antioxidantes, los cuáles son elementos que protegen de los radicales libres a las células del cuerpo; algunos de los principales alimentos que son ricos en antioxidantes son los siguientes:

FRUTAS:

Albaricoque, Bayas de goji, Cereza, Frambuesa, Granada, Grosella, Kiwi, Limón, Mandarina, Mango, Manzana, Melón, Naranja, Papaya, Plátanos, Uvas, Arándanos, Moras, Fresas.

VERDURAS:

Acelgas, Ajo, Batata, Brócoli, Calabacín, Calabaza, Coles de Bruselas, Coliflor, Espinacas, Guisantes, Pepino, Pimiento verde, Puerro, Rábano, Remolacha, Tomate, Zanahoria, Cebolla.

SEMILLAS Y FRUTOS SECOS:

Açai, Almendras, Anacardos, Avellanas, Cacahuates, Frijoles o alubias rojas y negras, Macadamia, Maíz, Nueces, Piñones, Pistaches, Semillas de chía, Especias e infusiones, Cacao puro, Chiles, Pimienta cayena, Té verde y rojo.

HUEVOS Y LÁCTEOS:

Leche entera, Mantequilla, Queso, Yema de huevo.

OTROS:

Aceite de oliva extra virgen, Atún, Levadura de cerveza, Mariscos, Ostras, Salmón, Sardinas.

ALIMENTOS ENERGÉTICOS:

Aguacate, Arroz integral, Avena, Brócoli, Dátiles, Espinacas, Frijoles negros, Higos, Jugo de naranja, Mango, Miel, Papas, Papaya, Pera, Plátano, Quinoa, Sandía, Tallarines, Tofu, Tomate, Yogur.

ALIMENTOS PARA ANTES DEL EJERCICIO :

Avena, Bananas, Brócoli, Carne de res, Frijoles negros, Huevo, Lomo de atún fresco, Pan integral, Zanahoria.

ALIMENTOS PARA DESPUÉS DEL EJERCICIO:

AGUA.

PROTEÍNAS:

Pollo, Pescado, Huevo, leche.

CARBOHIDRATOS:

Atún, Frutas, Queso, Yogurt.

GRASAS:

Aguacate, Frutos secos, Aceites vegetales.

TODO REGRESA AL ORIGEN.

ALIMENTOS QUE ALEGRAN:

Aguacate, Arándanos, Cereza, Chiles o pimientos, Chocolate, Espinacas, Garbanzos, Huevos, Piña, Plátanos, Pollo, Queso, Sandía, Tomate.

PARA REGULAR LA ACTIVIDAD DE MÚSCULOS Y NERVIOS:

Plátanos, higos, berenjenas. Contienen potasio

PARA FORTALECER HUESOS:

Espinacas, repollo, espárragos, moras. Contienen vitamina K

OPCIONES PARA DESPUÉS DEL EJERCICIO PARA REPONER LOS DEPÓSITOS DE GLUCÓGENO, REHIDRATAR, REPARAR MÚSCULO Y FORTALECER:

Huevo, pescado, carnes magras, leguminosas, lentejas, habas, frijol)
Nueces, aceite de oliva. Carbo y proteínas 50 / 50

PARA FORTALECER EL ÍNDICE GLUCÉMICO, FORTALECER EL SISTEMA VASCULAR Y EL CEREBRO, CONTROLAR EL ESTRÉS Y ENERGIZAR :

Ajo, frijoles negros, cacao, cebolla, cítricos, espinacas, manzana, nueces uvas, té verde, tomate. Ricos en vitamina C

ALIMENTOS PARA EL SISTEMA NERVIOSO.

FRUTAS:

Aguacate, Ciruela, Melocotón, Plátano.

VEGETALES DE HOJA VERDE:

Acelgas, Lechuga, Espinaca.

LEGUMBRES:

Lentejas, Frijol.

CEREALES:

Avena, Arroz integral, Mijo.

VITAMINAS DEL GRUPO B.

MAGNESIO.

ALIMENTOS RICOS EN MAGNESIO:

Almendras, Espinacas, Melón, Nueces de la India, Plátano, Uvas.

PARA EL SISTEMA NERVIOSO CENTRAL:

(cerebro y médula espinal)

Betónica, Bisopo, Infusiones de flor de chicalote, Pasionaria, Raíz de valeriana, Romero, Tila.

ALIMENTOS PARA EL CEREBRO:

Arándanos, Avena, Chocolate negro, Crucíferas, Granada, Jengibre, Nabo, Té verde, Uvas.

HERBOLARIA:

Flor de tila, Hierba gatera, Infusiones de aromaterapia: La melisa levanta el ánimo. Manzanilla, Toronjil.

Es parte de la ecuación conocer también los ingredientes nocivos que debemos evitar, reducir o definitivamente eliminar de nuestro consumo como medida para prevenir y sanar algunas condiciones de enfermedad o disfunción.

ALIMENTOS NOCIVOS:

Refrescos:

Contiene gran cantidad de azúcares, propician obesidad y diabetes, dañan los dientes.

Papas fritas:

Contienen grasas, propician la obesidad.

Donas:

Contienen colorantes artificiales, contribuyen a la obesidad.

Frutas caramelizadas:

Contienen azúcares, propician la obesidad.

Hamburguesas:
Contienen grasas saturadas y nitritos, propician la obesidad.

Hot dogs:
Contienen grasas saturadas y nitritos, propician obesidad.

Barras de granola:
Contienen azúcares y chocolate, propician obesidad y diabetes.

Cereales azucarados:
Contienen azúcares y harinas, elevan la glucosa.

Pastelitos:
Contienen grasas trans, alteran el crecimiento de cintura.

ALIMENTOS INDUSTRIALIZADOS

Los alimentos industriales o procesados son los que se producen en fábricas de alimentos, son modificados químicamente y se les añade una carga importante de aditivos, que regularmente resultan ser adictivos, con el objeto de que duren más y obtengan un aspecto atractivo deseable, y adquieran sabores gratificantes al cerebro.

En el proceso de industrialización se pierden nutrientes importantes como los son las vitaminas del complejo B, la fibra, el hierro, y por lo general contienen exceso de sal, azúcares, de grasas trans e ingredientes de dudosa calidad.

Algunos de los más comunes son:

Alimentos enlatados, Aderezos y salsas industriales, Refrescos y gaseosas, Frituras de paquete, Palomitas de maíz, Carnes embutidas, (jamón, tocino, chorizo, etc.) Grasas y ácidos trans, (margarina, pasteles, donas, galletas y toda la panadería industrial) También se pueden generar en casa cuando el aceite para cocción alcanza los 180º C, o cuando se utiliza más de 3 o 4 veces. Cereales precocidos.

ALIMENTOS QUE CONTIENEN METALES PESADOS.

Los metales pesados como el plomo, el mercurio, el cadmio, el arsénico, son tóxicos y se encuentran en el medio ambiente, por lo cual resulta inevitable que pasen a formar parte de la cadena alimentaria y por ende de los alimentos que habitualmente consumimos.

Los alimentos que mayor cantidad de metales pesados contienen son algunos alimentos procedentes del mar como el pez espada, el salmón, el atún, el lucio, el jurel, el tiburón, aquellos peces más grandes, se dice que entre más viejo el pez, más mercurio contendrá.

En cuanto a los alimentos de tierra, aquellos que presentan mayor contaminación por metales pesados son las setas, los cereales como el arroz y el maíz.

La leche es uno de los alimentos que más mercurio contiene después de los mariscos, la leche de vaca se usa para monitorear los niveles de contaminación por plomo y radiación, debido a su capacidad para absorber la radiación.

Algunas de las frutas que más pueden absorber pesticidas son: la manzana, las fresas, las cerezas, las uvas los arándanos, las nectarinas.

La carne contiene también plomo, los contaminantes están presentes en los alimentos que consumen los animales de granja.

Los antiácidos y colorantes de los alimentos tienen agregado, de manera intencional, aluminio.

Un ser saludable es ejemplo y modelo a seguir, impacta en su entorno y crea expectativas elevadas a su alrededor.

José Ramón Acosta Valenzuela.

CAPÍTULO 5

LA SALUD.

NO SÓLO ES AUSENCIA DE ENFERMEDAD.

Se considera a la salud como un estado en el cual un ser vivo ejerce todas sus funciones de manera normal y que, además no padece ninguna enfermedad o lesión.

La OMS dice acerca de la salud: "Es un estado de completo bienestar físico, mental y social y no meramente la ausencia de afecciones o enfermedades".

No obstante que los parámetros de salud o normalidad, son diferentes, atendiendo a características personales de edad, sexo, etnia y otras, es posible establecer líneas generales en distintos campos de la salud.

Aunque en apariencia, sólo la salud física, orgánica o biológica incide en los procesos de conservación de la juventud y la vitalidad, de envejecimiento e incluso en el de revertir el deterioro a causa de la edad, forman también parte esencial de dichos procesos, otros campos de la salud como son: la salud mental o emocional, la salud social, la salud espiritual y la salud financiera; de tal manera que se deberán de considerar las acciones que atiendan y optimicen el bienestar en dichos campos como una forma de integrar de manera armónica el estado ideal del ser humano.

Salud física.

Es el buen funcionamiento fisiológico del organismo. Se refiere al estado físico orgánico del cuerpo y comprende una serie de medidas y actividades para conservarlo en buen estado, entre otras: alimentarse bien, hacer deporte y mantener una buena condición física, descansar y dormir lo suficiente, atender la higiene corporal, efectuarse periódicos estudios médicos para detectar posibles enfermedades.
Existen algunos indicativos que pueden dar cuenta y evaluar el estado de la salud física, estos aspectos del estado físico que se consideran importantes para determinar el grado de riesgo de enfermedad, son: el sobrepeso y la obesidad, y el Índice de Masa Corporal (IMC), que es una herramienta que se utiliza para definir una medida de la obesidad y se calcula dividiendo el peso corporal en kilogramos por el cuadrado de la estatura en metros.
IMC = peso (Kg.) / estatura (M2)
El resultado se categoriza de la siguiente manera:

Menor de 18.5 saludable.

De 25.0 a 29.9con sobrepeso.

De 30.0 a 39.9 obeso.

Más de 40 obesidad extrema de alto riesgo.

Aunque el IMC es un parámetro confiable para medir la gordura de los adultos, no mide la grasa corporal de una manera directa, pero si es un método fácil para ubicar categorías de peso que puedan acarrear problemas de salud.

Sin embargo, para diagnosticar de manera acertada si existe un riesgo para la salud en cada caso de gordura, es conveniente incluir otras mediciones como: antecedentes familiares, grosor de los pliegues de la piel, alimentación, actividad física, la circunferencia de la cintura, la presión arterial, etc.

Otro factor a considerar dentro de la salud física es la fuerza muscular, que es la capacidad de levantar, tirar o empujar un peso determinado utilizando los músculos; se mide en función del peso que se levanta.

Incorporar a la vida ejercicios de fuerza muscular, es apostar por muchos beneficios a la salud física y mental.

Es factible, desde mejorar el rendimiento de las actividades cotidianas, hasta prevenir o evitar la aparición de varias enfermedades.

Al trabajar en la fuerza, se gana como consecuencia en masa muscular, se previene la diabetes, resulta en mejoría de la calidad de sueño, se libera testosterona, que es una hormona esencial que no está compuesta de aminoácidos y cuyo desequilibrio altera la función hormonal, tanto en hombres como en mujeres. Por tanto, es benéfico elevar la testosterona, a un buen nivel, pero de la manera más natural posible, evitando déficits nutricionales que dañen su producción, regulando las hormonas como el cortisol y el estrógeno, las cuáles inhiben la producción de testosterona y consumiendo vitamina D a través una suplementación de aproximadamente 2000 UI al día. A través de ingerir alimentos como la yema de huevo, el salmón, grasas mono saturadas, presentes en frutos secos y aguacate, mediante la exposición moderada al sol, el consumo de creatina mono hidrato y minerales como zinc y magnesio.

La testosterona ayuda a regular el peso corporal, a mantener la masa muscular, a evitar la acumulación de grasa y a mantener el deseo sexual por mayor tiempo.

Para evitar el envejecimiento de los músculos y evitar la pérdida

de masa muscular es recomendable usar el calor, los músculos reaccionan al estímulo producido por el calor por lo que éste ayuda a la creación de más tejido muscular, por eso, usar el baño sauna de manera regular ayuda, en conjunto con la práctica del ejercicio de fuerza, que es el mejor para producir el crecimiento muscular.
Para evitar el desgaste, es necesario consumir mayor cantidad de proteína tomando aminoácidos sueltos para no afectar de ninguna manera al organismo con daño renal.

Salud mental o emocional.

Se refiere no sólo a la no presencia de trastornos psicológicos, sino que incluye el estado de bienestar personal, tener un buen nivel de autoestima, a tomar con aceptación y optimismo las circunstancias de vida, gozar de autonomía y equilibrio emocional, a permanecer libre de preocupaciones y de estrés.
También es factible optimizar la salud mental a través de acciones que permitan vivir con sentido y propósito, entre otras: practicar deporte, actividad que además de impactar de manera positiva en el aspecto y condición física, incide en la liberación de sustancias neurotransmisoras como las endorfinas y la serotonina, que producen sensaciones de placer y felicidad; realizar actividades que consideramos agradables y placenteras y que nos allegan sensaciones de satisfacción; dar sentido de utilidad y servicio a la vida, planteándose objetivos que nos impulsen a luchar por conseguirlos; procurar incrementar las relaciones interpersonales y practicar la aceptación y tolerancia en la convivencia cotidiana.
El descanso representa, también una parte muy relevante para el funcionamiento cerebral y, por ende, para la salud mental, es el sueño y la calidad del mismo un factor que incide directamente en la salud mental, se cree que, aproximadamente las personas pasan un tercio de su vida durmiendo, por lo mismo, la importancia de dormir adecuadamente para restaurar el cuerpo y la mente.
Se relaciona la aparición de algunas enfermedades como la diabetes, la depresión, la ansiedad, la obesidad y otras con la mala calidad o la insuficiencia del sueño.

Salud social.

El ser humano es gregario por naturaleza y depende de las condiciones de su entorno y de la interacción con otros seres humanos para desempeñarse de manera saludable en los diferentes espacios que la vida social le presenta, en el espacio laboral, en las actividades sociales y recreativas, en las referentes a salud ambiental y política, en las de libertad en el entorno familiar, etc.

Dentro de la salud social es conveniente incluir también el aprendizaje, independientemente del nivel académico que se sustente, es benéfico para la salud social estar en continuo estado de aprendizaje, esto es, con la mentalidad de potenciar cada actividad del vivir cotidiano para obtener nuevos conocimientos en cada una de las ramas del desempeño humano, trátese de conocimientos científicos o empíricos, teóricos o prácticos, actuales o históricos, lo relevante es mantener la actividad cerebral joven y con la capacidad de seguir estructurando conexiones neuronales, generándose de este modo la plasticidad cerebral, que es la capacidad del sistema nervioso de reestructurarse y cambiar su funcionamiento como reacción a la diversidad del entorno que le propiciemos a lo largo de la vida.

Este potencial del sistema nervioso, da lugar al cerebro para reponerse de lesiones o trastornos, y es factible que reduzca algunos efectos negativos de alteraciones relacionadas con enfermedades como el deterioro cognitivo, el insomnio, el Parkinson la dislexia, etc.

Durante mucho tiempo la posibilidad de que las neuronas en un adulto se regeneraran, se veía como algo fuera de toda probabilidad, la creencia de que las neuronas que morían no podían ser reemplazadas por otras nuevas, se consideraba como un decreto científico.

En la actualidad, es un hecho científicamente aceptado y demostrado que el sistema nervioso tiene la capacidad para cambiar, ante diversos estímulos del entorno, su organización estructural y funcional a lo largo de toda la existencia.

Salud espiritual.

La salud espiritual no implica necesariamente profesar alguna religión, ni tan siquiera tener algún grado de religiosidad, aunque ésta, puede ser un componente importante de dicho estado de salud.
Es característico de la vida cotidiana moderna atender de manera primordial los aspectos materiales y biológicos, relegando a segundo término aquello relativo al ejercicio del espíritu, esto es, lo referente al conocimiento interior y a la práctica del crecimiento de esta parte inmaterial del ser, que constituye la esencia, y que, se reconoce como una influencia tangible que incide directamente, en la parte material, en la parte humana, a través de la conciencia de sí mismo y la relación con algo superior, que, impulsa a buscar un auténtico propósito de vida.
Cultivar prácticas espirituales, tales como: meditar, orar, tomarse tiempo para sí mismo a través de actividades que resulten satisfactorias, practicar la gratitud, expresarse de diferentes maneras buscando participar en nuevas actividades como: bailar, cantar, tocar algún instrumento musical, crear cualquier tipo de arte, es decir, poner en acción la parte creativa, permite rejuvenecer el espíritu, incide directamente en la salud; está comprobado por la ciencia que aquellos que practican la espiritualidad, les disminuye la incidencia de enfermedades degenerativas tales como: la diabetes, el cáncer, las enfermedades coronarias, etc.

Salud financiera.

También es un estado de salud del ser que, de ser óptima, se caracteriza por contar con la tranquilidad y la libertad para cumplir con las obligaciones financieras, contar con el dinero suficiente para cubrir todos los gastos inherentes al estilo de vida que se sustente; tener asimismo ahorros necesarios para afrontar cualquier imprevisto y poder avanzar en las acciones que se orienten al cumplimiento de las metas establecidas.

Por supuesto que, si se pretende mejorar, en el sentido de tener una mejor calidad de vida, evitando el deterioro de la salud para conservar el mayor tiempo posible la juventud, se debe atender el aspecto financiero, puesto que una excelente salud financiera implica tranquilidad y armonía en muchos otros aspectos de la existencia y la seguridad de que se habrá de contar con el recurso para proveer adecuadamente todo aquello que permita al cuerpo mantenerse en un estado de salud envidiable.

La buena salud financiera, incluye, por ejemplo, un trabajo o rutina laboral que resulten satisfactorios y con niveles manejables de estrés; ingresos suficientes; y tener la capacidad de establecer una sincronía, un equilibrio armonioso entre percepciones y erogaciones.

FÓRMULA

Para estructurar la fórmula que conserve al cuerpo humano en estado de juventud, han de considerarse las áreas de la salud en sus diferentes componentes: la salud física o biológica, la salud mental o emocional, la salud espiritual, la salud socio-cultural, la salud financiera.

Consideremos en todo momento que el ser humano no es sólo un conjunto de diferentes tipos de células que integran tejidos, órganos, aparatos y sistemas y que estos componentes no operan de manera aislada y cada uno por su propia cuenta, sino que todos forman una sinergia indisoluble y perfecta que conecta a través de diferentes mecanismos las funciones que ponen en marcha esta maravillosa maquinaria de la creación.

Así, por ejemplo, el cerebro, considerado como órgano rector y regulador, mantiene comunicación de ida y vuelta con el corazón a través de impulsos eléctricos, corazón cerebro se sincronizan y percibimos la consciencia del mundo exterior.

Con el intestino por medio de químicos como son las hormonas y los neurotransmisores, que operan como sus mensajeros.

El cerebro interactúa, pues, constante y permanentemente con todo el cuerpo, y viceversa, de diferentes formas, la mayoría, automáticas e imperceptibles de manera consciente; por ejemplo, la postura corporal, cuando se está en posición de sumisión, con el cuerpo encogido, el cerebro interpreta que no estamos bien y se ven afectados nuestros procesos cognitivos y se disminuye en calidad de memoria y atención.

La postura corporal es capaz de afectar nuestros niveles de cortisol y testosterona, ante lo cual el cerebro responde en consecuencia.

Al cerebro le gusta sonreir, y ante la sonrisa también reacciona con un efecto pacificador, beneficiando al sistema endocrino e inmune.

La comunicación respiración-cerebro, también llega a moldear nuestros estados mentales, además del proceso de oxigenación, calma y modifica las respuestas emocionales.

Igualmente, un sueño reparador, favorece la salud, ya que mientras dormimos se genera un mayor espacio entre las neuronas, lo cual permite su limpieza y mejor funcionamiento; por el contrario, la privación de sueño afecta en aspectos tan esenciales como reducir nuestros niveles de saciedad, con las respectivas consecuencias en el aparato digestivo.

De tal suerte que, para elaborar una fórmula eficiente y poderosa, para maximizar la conservación de la juventud, la salud y la longevidad, debemos concientizar que lo más importante son los hábitos en la alimentación diaria y la adquisición y puesta en práctica progresiva y permanentemente de las acciones propuestas en las diferentes variantes de la salud humana.

Cuando hace falta la acción las buenas intenciones salen sobrando.

CAPÍTULO 6

ACCIONES PROPUESTAS.

En salud Física - Biológica.

En salud mental - emocional.

En salud Espiritual.

En salud Financiera.

EL MENÚ

SALUD FÍSICA-BIOLÓGICA

Abandonar prácticas sedentarias.
Ejercitar el cuerpo por lo menos cuatro veces a la semana.
Usar el baño Sauna de manera regular.
Realzar ejercicios de fuerza.
Realizar ejercicios de flexibilidad.
Realizar ejercicios de resistencia.

Adquirir y conservar el peso ideal.
Fortalecer la densidad ósea.
Alimentarse-nutrirse sanamente.
Comer de manera ordenada, estableciendo horarios.
Consumir complementos y suplementos alimenticios.
Hidratar el cuerpo de manera suficiente.
Administrar el descanso.
Dormir entre seis a ocho horas diarias.
Evitar por las noches pantallas de luz azul.
Evitar el consumo de alimentos tóxicos.
Evitar el consumo de substancias adictivas. (tabaco, alcohol, drogas, etc.)
No consumir alcohol en exceso.
Moderar el consumo de grasas.
Moderar el consumo de azúcares.
Moderar el consumo de harinas.
Tener bajo control el nivel de glucosa en sangre.
Reducir el consumo de alimentos industrializados.
Reducir el consumo de alimentos que contengan metales pesados
Aumentar el consumo de alimentos que contengan antioxidantes.
Elevar el nivel de testosterona a un buen nivel de manera natural.

SALUD MENTAL-EMOCIONAL

Ser consciente de la postura corporal.
Mejorar el nivel de autoestima.
Practicar la tolerancia.
Buscar el lado positivo de las cosas que pasan.
Practicar la aceptación.
Trabajar en el desapego.
Procurar la autonomía emocional.
Practicar actividades de conjunto.
Realizar actividades agradables y placenteras.
Practicar actividades recreativas.
Probar nuevos alimentos exóticos.
Aprender constantemente.
Cantar.
Bailar.
Aprender a tocar un instrumento musical.
Estar en permanente modo de aprendizaje.
Estudiar un nuevo idioma.
Ser generoso.
Practicar el perdón.

Practicar la empatía.
Practicar la solidaridad.
Ser curioso.
Ser entusiasta.
Leer diariamente.
Cumplir los compromisos.
Resolver crucigramas y juegos mentales.

SALUD ESPIRITUAL

Amarse.
Meditar diariamente.
Practicar ejercicios de respiración consciente.
Creer en algo superior a uno mismo.
Practicar la humildad.
Establecer un propósito de vida.
Escribir un diario.
Establecer metas realistas.
Vivir el momento presente.
Orar por lo menos cinco minutos al día.
Ser agradecido.
Cumplir con las promesas.

SALUD FINANCIERA

Practicar la moderación.
Ahorrar.
Invertir.
Gastar con cordura y equilibrio.
Donar.
Ser generoso.
Regalarse un premio porque sí.
Viajar.
Emprender.

CONCLUSIÓN

En el tiempo actual, signado por la aparición de una imprevista pandemia, que amenaza de particular manera a aquellos que tienen un mayor grado de susceptibilidad por padecer condiciones de más alto grado de vulnerabilidad provocadas por enfermedades producidas como consecuencia de diferentes circunstancias, entre otras, el estilo de vida, cobra vital importancia blindar el sistema inmunológico para repeler cualquier ataque que amenace la salud y la integridad.

De tal suerte que el contenido de este libro representa singular importancia, por la serie de directrices que incluye, como medida para contrarrestar el embate del virus que intenta de manera insidiosa posesionarse de nuestras vidas de manera permanente.

El objetivo primordial de este manual es brindar las herramientas que faciliten el tránsito hacia una zona de consciencia respecto a la calidad de suministros que le estamos proporcionando al organismo.

Si una sola persona salva la vida a través de modificar su consumo de substancias nocivas de uso cotidiano, que se han llegado a considerar como práctica normal, tales como: bebidas gaseosas, frituras, carnes procesadas, bollería industrial, etc. Entonces el propósito del autor se habrá cumplido con creces.

José Ramón Acosta Valenzuela.

BIOGRAFÍA:

Nací un 13 de enero de 1958 en un pueblo maderero de la sierra del estado de Durango, México, en el cual permanecí hasta la edad de 9

años, trasladándome a la
ciudad capital del estado.
Soy el mayor de dos hermanos producto del matrimonio de mis padres, los cuáles se separaron dejándome al cuidado de mis abuelos paternos a la edad de dos años.
Cursé la carrera de Profesor Normalista, la cual ejercí durante 32 años, los últimos de los cuáles fungí como Director de Escuela Primaria.
Actualmente jubilado como profesor y socio de un restaurante típico mexicano.
Casé y soy padre de cuatro hijas y abuelo de ocho nietos.
Aficionado al atletismo, participé en carreras locales y estatales como el Marathón del Pacífico, en la actualidad continúo practicando fitness de manera regular.
Desde la época escolar en la etapa de preparatoria escribí poesía habiendo publicado un folleto de Biografía Poética a través de la Secretaría de Educación del Estado, participé en el concurso para elegir el Himno al Estado de Durango.
Anterior al presente libro publiqué a través de Amazon un compendio de Dichos, Refranes y Proverbios titulado **SABIDURÍA DE SIEMPRE.**

www.ingramcontent.com/pod-product-compliance
Lightning Source LLC
LaVergne TN
LVHW050325160826
845677LV00014B/3538

* 9 7 9 8 3 6 1 2 9 0 1 5 4 *